AF220437

Impressum
Verlag: BABADADA GmbH, Nedderfeld 112 , 22529 Hamburg
Geschäftsführer / Verlagsleitung: Harald Hof
Druck: Books on Demand GmbH, In de Tarpen 42, 22848 Norderstedt

Imprint
Publisher: BABADADA GmbH, Nedderfeld 112 , 22529 Hamburg, Germany
Managing Director / Publishing direction: Harald Hof
Print: Books on Demand GmbH, In de Tarpen 42, 22848 Norderstedt

shule

sekolahan

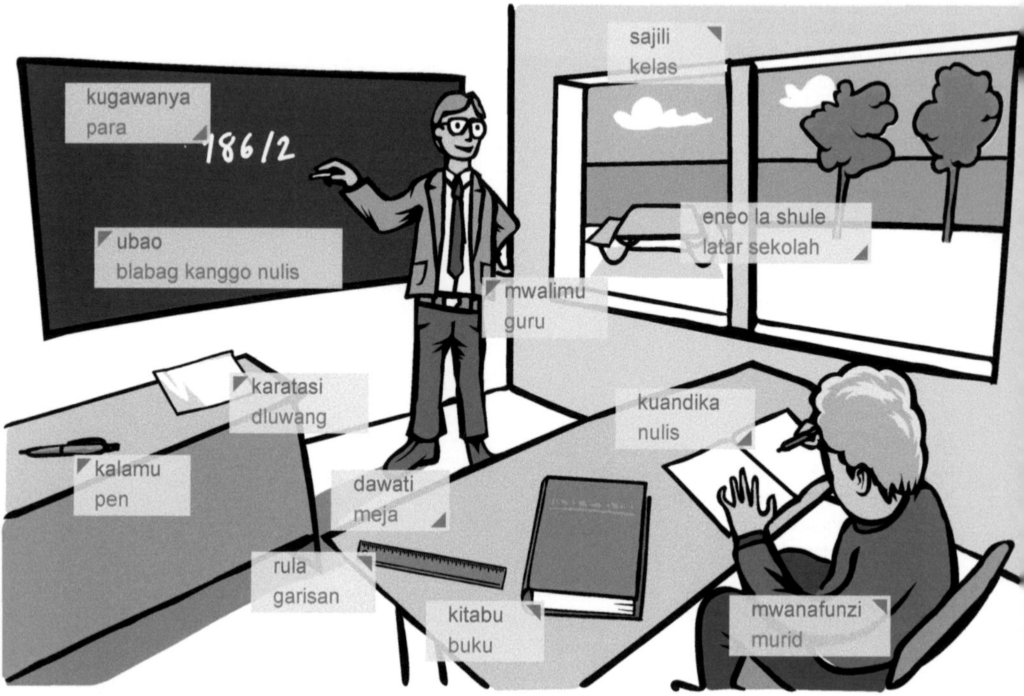

sajili
kelas
kugawanya
para
186/2
ubao
blabag kanggo nulis
eneo la shule
latar sekolah
mwalimu
guru
karatasi
dluwang
kuandika
nulis
kalamu
pen
dawati
meja
rula
garisan
kitabu
buku
mwanafunzi
murid

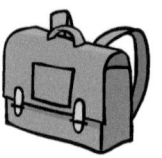

mkoba

tas sekolah

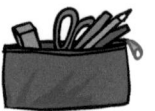

kikasha cha penseli

tepak potlot

penseli

potlot

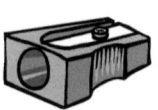

kichonga penseli

orotan potlot

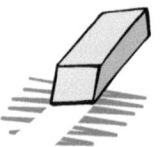

mpira

setip

pedi ya kuchora

lemek nggambar

uchoraji
gambar

brashi ya rangi
kuwas

sanduku la rangi
tepak cat nggambar

mkasi
gunting

gundi
lem

daftari
buku latihan soal

kazi ya nyumbani
pakaryan omah

nambari
angka

jumlisha
tambah

ondoa
suda

zidisha
ping

kokotoa
itung

barua
aksara

alfabeti
abjad

neno
tembung

maandishi

teks

kusoma

maca

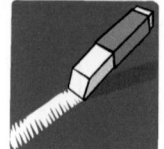

chaki

kapur

somo

wulangan

sajili

dhaptar

uchunguzi

ujian

cheti

sertipikat

sare za shule

sragam sekolah

elimu

pendhidhikan

elezo

ensiklopedia

chuo kikuu

universitas

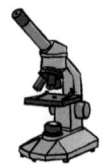

darubini

mikroskop

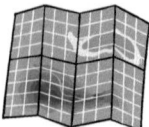

ramani

peta

kikapu cha kuweka karatasi chafu

kranjang larahan

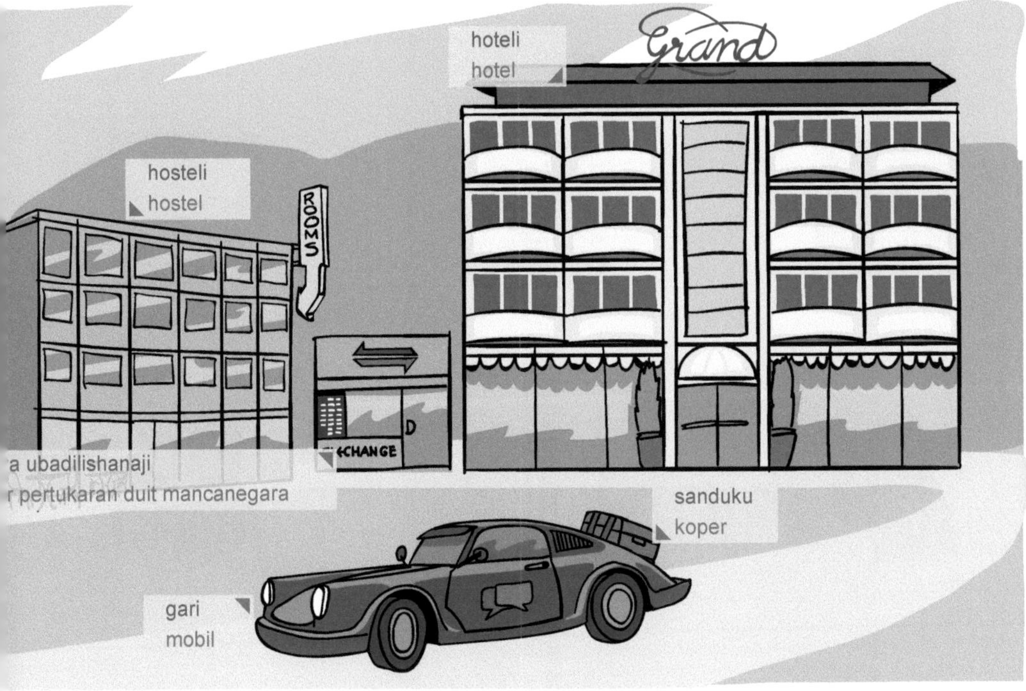

hoteli
hotel

Grand

hosteli
hostel

ROOMS

a ubadilishanaji
r pertukaran duit mancanegara

EXCHANGE

sanduku
koper

gari
mobil

lugha
basa

ndiyo / la
iya / ora

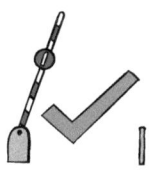

sawa
oke

hujambo
halo

mtafsiri
juru basa

Asante
matur nuwun

kiasi gani ni ...?

Piro regane ...?

Sielewi

aku ora ngerti

tatizo

masalah

Jioni njema!

Sugeng dalu!

Habari za asubuhi!

Sugeng enjang

Usiku mwema!

Sugeng dalu!

kwa heri

pareng

mwelekeo

arah

mizigo

koper

mfuko

tas

shanta

ransel

mgeni

tamu

chumba

kamar

begi la kulalia

kantong turu

hema

tenda

taarifa ya utalii

informasi turis

ufuo

pantai

kadi

kertu kredit

kifunguakinywa

sarapan

chakula cha mchana

mangan awan

chakula cha jioni

mangan ing wayah bengi

tiketi

tiket

kuinua

lift

muhuri

perangko

mpaka

watesan

mila

cukai

ubalozi

kedutaan

visa

visa

pasipoti

paspor

usafiri

angkutan

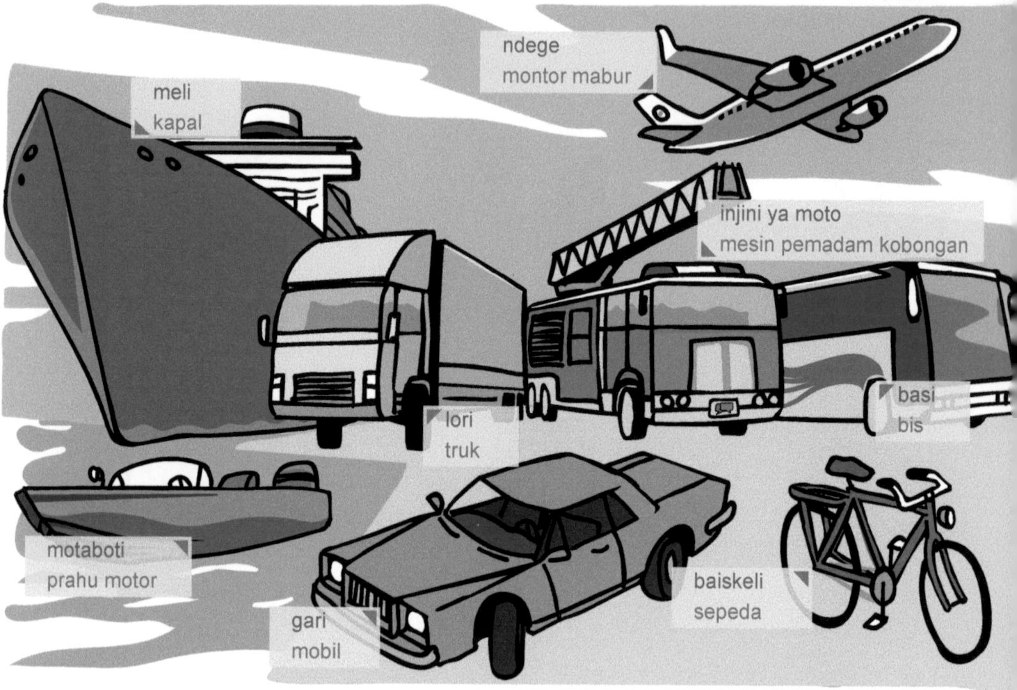

ndege
montor mabur
meli
kapal
injini ya moto
mesin pemadam kobongan
basi
bis
lori
truk
motaboti
prahu motor
baiskeli
sepeda
gari
mobil

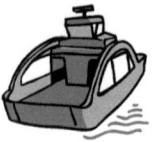

feri

feri

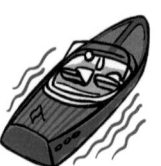

mashua

perahu

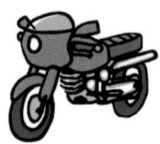

pikipiki

sepeda motor

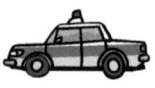

gari la polisi

mobil polisi

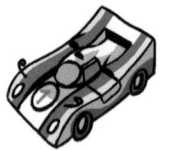

gari la mashindano

mobil balapan

gari la kukodisha

mobil sewa

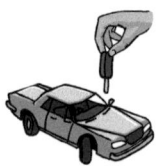

kushiriki gari

sewa mobil

lori la kuvuta

truk derek

ukusanyaji taka

truk resek

motor

motor

mafuta

bensin

kituo cha mafuta

pom bensin

ishara trafiki

tanda dalan

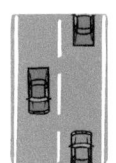

trafiki

lalu lintas

msongamano

macet

maegesho

parkir mobil

kituo cha treni

stasiun sepur

reli

ril sepur

garimoshi

sepur

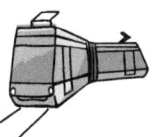

tremu

tram

gari la mizigo

grobak

helikopta

helikopter

uwanja wa ndege

lapangan montor mabur

mnara

menara

abiria

penumpang

chombo

kontener

katoni

kerdhus

mkokoteni

troli

kikapu

kranjang

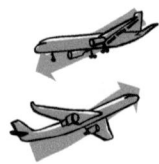

ondoka

mabur / ndarat

jiji

kutha

kijiji

desa

katikati ya jiji

tengah kutha

nyumba

omah

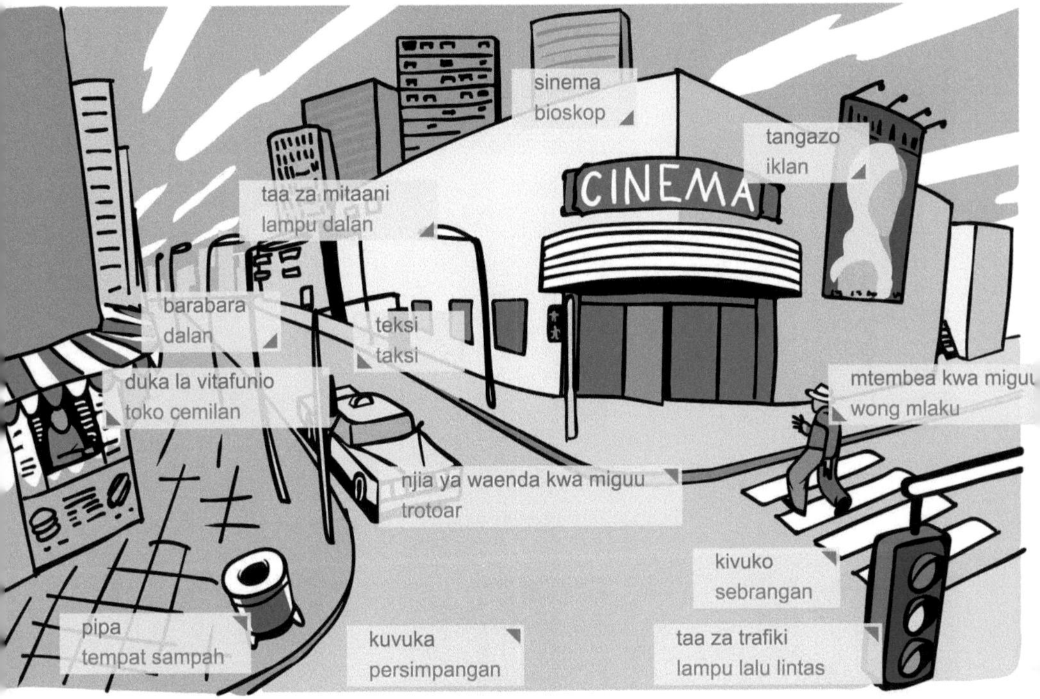

sinema
bioskop

tangazo
iklan

taa za mitaani
lampu dalan

CINEMA

barabara
dalan

teksi
taksi

duka la vitafunio
toko cemilan

mtembea kwa miguu
wong mlaku

njia ya waenda kwa miguu
trotoar

kivuko
sebrangan

pipa
tempat sampah

kuvuka
persimpangan

taa za trafiki
lampu lalu lintas

kibanda

gubuk

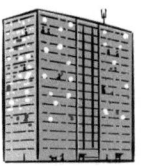

gorofa

apartemen

kituo cha treni

stasiun sepur

ukumbi wa mji

bale kutha

Makavazi

museum

shule

sekolahan

chuo kikuu

universitas

benki

bank

hospitali

griya sakit

hoteli

hotel

duka la dawa

apotek

ofisi

kantor

duka la kitabu

toko buku

duka

toko

duka la maua

toko kembang

dukakuu

supermarket

soko

pasar

idara ya kuhifadhi

toko sarwa ana

mwuza samaki

toko iwak

kituo cha ununuzi

mal

bandari

pelabuhan

Hifadhi

taman

benki

bangku

daraja

tretek

vidato

andha

chini ya ardhi

metro

handaki

trowongan

kituo cha mabasi

halte bis

bar

bar

mgahawa

restoran

sanduku la posta

kotak surat

ishara ya barabara

pratandha dalan

mita ya maegesho

meteran parkir

bustani ya wanyama

kebon kewan

kidimbwi cha kuogelea

kolam renang

msikiti

masjid

shamba

kebon

uchafuzi

polusi

makaburini

kuburan

kanisa

greja

uwanja wa michezo

panggon dolanan

hekalu

candi

mazingira

lanskap

jani
godong

ishara ya mwelekeo
plang

njia
dalan

malisho
beran

jiwe
watu

mtembeaji wa masafa
wong munggah

mti
uwit

mto
kali

nyasi
suket

ua
kembang

bonde

lembah

kilima

bukit

ziwa

tlogo

msitu

alas

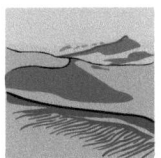

jangwa

ara-ara

volkano

gunung geni

ngome

keraton

upinde wa mvua

kluwung

uyoga

jamur

mtende

uwit palem

mbu

lemut

kuruka

laler

chungu

semut

nyuki

tawon

buibui

angga-angga

mende

kumbang

chura

kodok

kuchakuro

bajing

nungunungu

landhak

sungura

truwelu

bundi

manuk dares

ndege

manut

swan

banyak

nguruwe mwitu

celeng

kulungu

kidang

aina ya kongoni

menjangan

bwawa

bendungan

tabo ya upepo

turbin angin

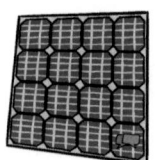

nishaji ya jua

panel srengenge

hali ya hewa

iklim

mgahawa
restoran

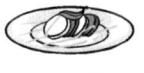

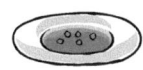

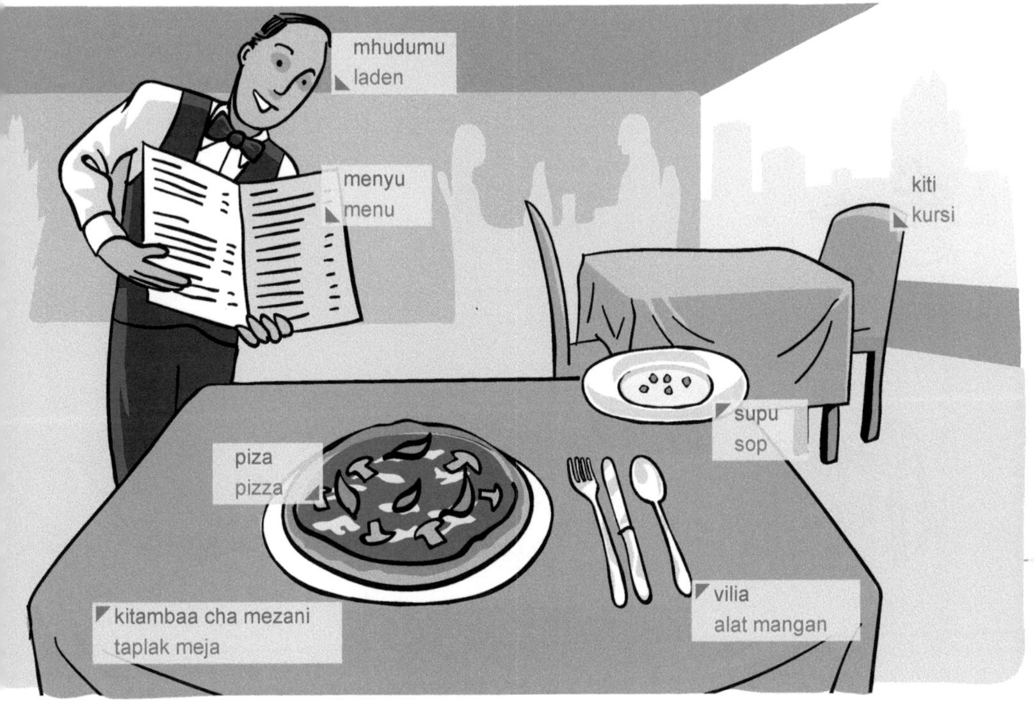
mhudumu
laden
menyu
menu
kiti
kursi
supu
sop
piza
pizza
vilia
alat mangan
kitambaa cha mezani
taplak meja

kiamsha hamu

hidangan pambuka

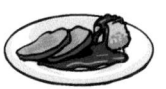

kozi kuu

menu utama

kitindamlo

hidangan penutup

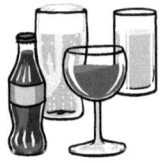

vinywaji

ombenan

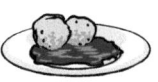

chakula

panganan

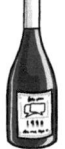

chupa

gendul

chakula cha haraka

panganan instan

Streetfood

jajan cemilan

buli

ceret teh

kisanduku cha sukari

kaleng gula

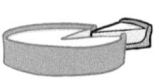

sehemu

porsi

mashine ya espresso

mesin espresso

kiti kirefu

kursi duwur

muswada

tagihan

trei

baki

kisu

lading

uma

sendok garpu

kijiko

sendok

kijiko cha chai

sendok teh

nepi

serbet

glasi

gelas

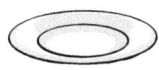

sahani

piring

sahani ya supu

piring sop

sufuria

lepek

mchuzi

duduh

kichanyaji chumvi

gendul uyah

kinu cha pilipili

bubuk mrico

siki

cuka

mafuta

lenga

viungo

bumbon

kechapu

saos tomat

haradali

mustar

kachumbari nzito

mayones

dukakuu

supermarket

ofa maalum
tawaran khusus
FOR
mteja
langganan
maziwa
produk saka susu
matunda
woh-wohan
toroli
troli

BUTCHERS

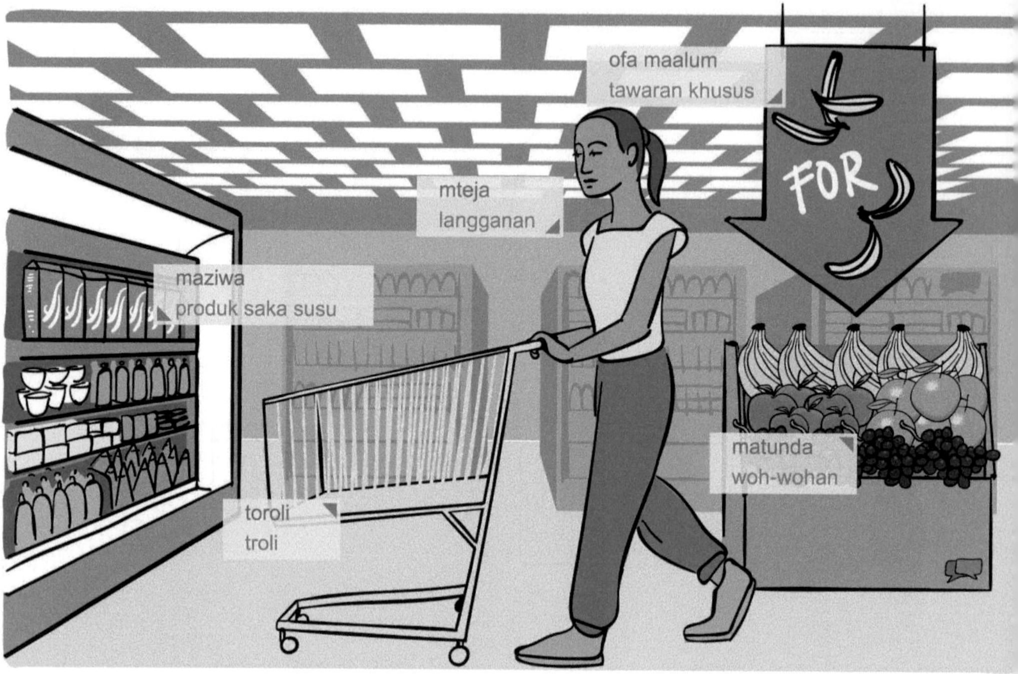

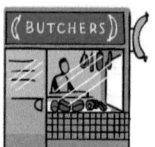

mchinjaji

toko daging

BAKERY

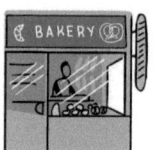

mwokaji

toko roti

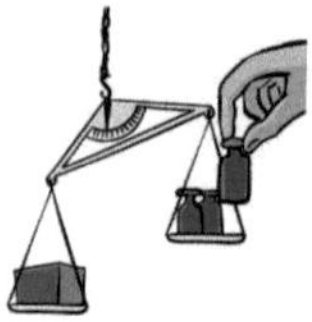

uzito

nimbang

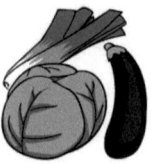

mboga

janganan

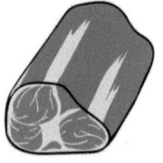

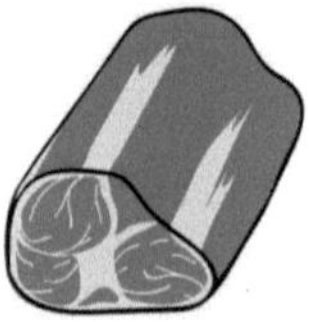

nyama

daging panggang

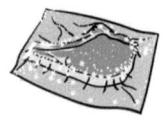

chakula waliohifadhiwa

panganan beku

vipande vya nyama baridi

irisan daging

chakula cha kopo

panganan kaleng

sabuni ya unga

deterjen

pipi

permen

bidhaa za kaya

produk reresik omah

bidhaa za kusafisha

produk reresik

mtu mauzo

bakul

mpaka

mesin kasir

keshia

kasir

orodha ya manunuzi

daftar blanja

masaa ya ufunguzi

jam buka

mkoba

dompet

kadi

kertu kredit

mfuko

tas

mfuko wa plastiki

tas kresek

ombenan

maji

banyu

sharubati

jus

maziwa

susu

coke

ombenan kanthi karbon

mvinyo

anggur

bia

bir

pombe

alkohol

kakao

coklat

chai

teh

kahawa

kopi

spreso

espresso

kapuchino

cappuccino

ndizi

gedhang

tufaha

apel

machungwa

jeruk

tikiti

semangka

lemon

jeruk lemon

karoti

wortel

kitunguu saumu

bawang

mianzi

pring

kitunguu

bawang

uyoga

jamur

karanga

kacang

nudo

bakmi

spageti

spageti

mpunga

sego

saladi

salad

vibanzi

kentang goreng

viazi vya kukaanga

kentang goreng

piza

pizza

hambaga

hamburger

sandwichi

roti isi

kipande

daging irisan

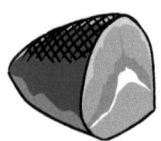

paja la mnyama

daging ham

salami

salami

soseji

sosis

kuku

pitik

choma

daging panggang

samaki

iwak

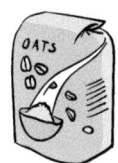

oats ya uji

bubur gandum

muesli

muesli

cornflakes

sereal jagung

unga

glepung

kroisanti

croissant

andazi

roti

mkate

roti

mkate wa kubanika

roti panggang

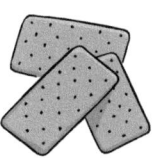

biskuti

biskuit

siagi

mertega

maziwa mgando

dadih

keki

kue

yai

endog

yai kukaanga

endog goreng

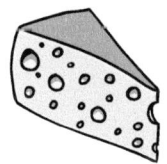

jibini

keju

chakula - panganan

25

aiskrimu

es krim

sukari

gula

asali

madu

jemu

sele

kuenea kwa chokoleti

krim nugat

mchuzi wa viungo

kare

nyumba ya kilimo
omah tani

majani bale
bal kawul

ghalani
lumbung

uwanja
sawah

farasi
jaran

trela
karavan

trekta
traktor

mtoto
belo

punda
keledai

kondoo
wedhus

mwanakondoo
domba

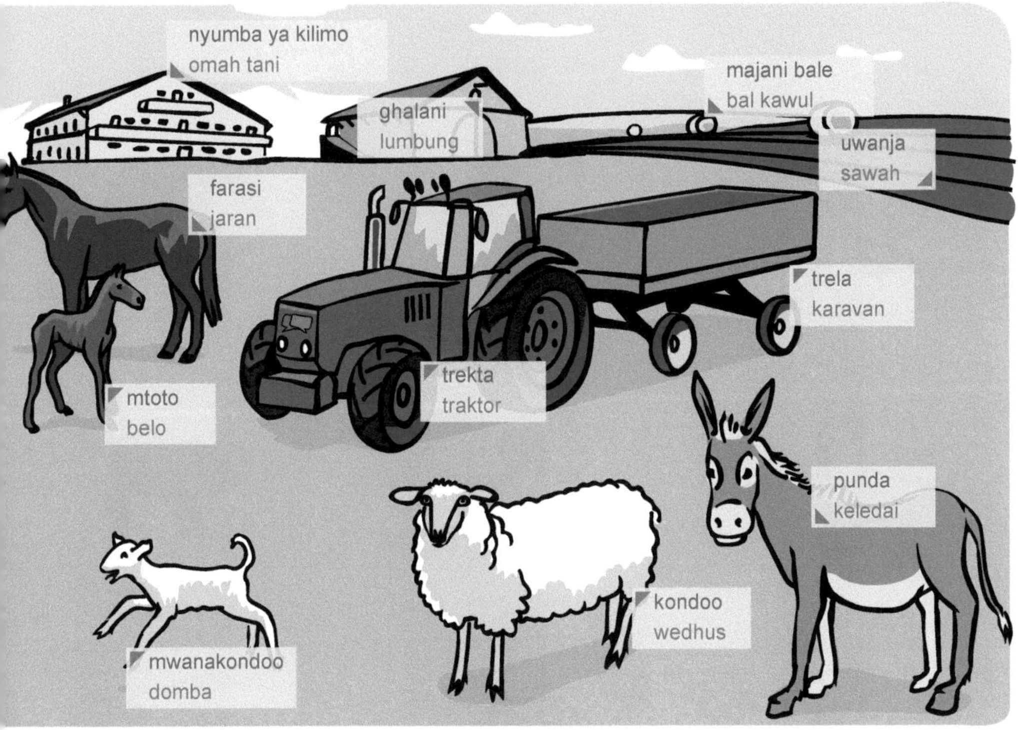

mbuzi
wedhus

ng'ombe
sapi

ndama
pedhet

nguruwe
babi

mwananguruwe
gambluk

fahali
kebo

shamba - kebon

27

batabukini

banyak

bata

bebek

kifaranga

kuthuk

kuku

babon

jogoo

jago

panya

tikus

paka

kucing

panya

tikus

ng'ombe

sapi

mbwa

asu

nyumba ya mbwa

kandang asu

bomba la bustani

selang

debe la kumwagilia maji

gembor

fyekeo

arit gede

kulima

waluku

mundu
....
arit gede

jembe
....
pacul

uma wa nyasi
....
garu

shoka
....
kapak

toroli
....
grobak surung

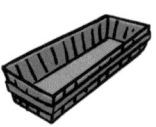

kupitia nyimbo
....
wadah pakan

chombo cha maziwa
....
kaleng susu

gunia
....
karung

ua
....
pager

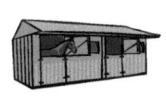

imara
....
kandang

chafu
....
omah kaca

udongo
....
lemah

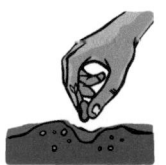

mbegu
....
wiji

mbolea
....
rabuk

kivunaji
....
traktor panen

mavuno

manen

mavuno

panen

viazi vikuu

ubi

ngano

gandum

soya

kedelai

viazi

kentang

mahindi

jagung

rapa

lobak

mti wa matunda

wit woh-wohan

muhogo

telo

nafaka

sereal

nyumba
omah

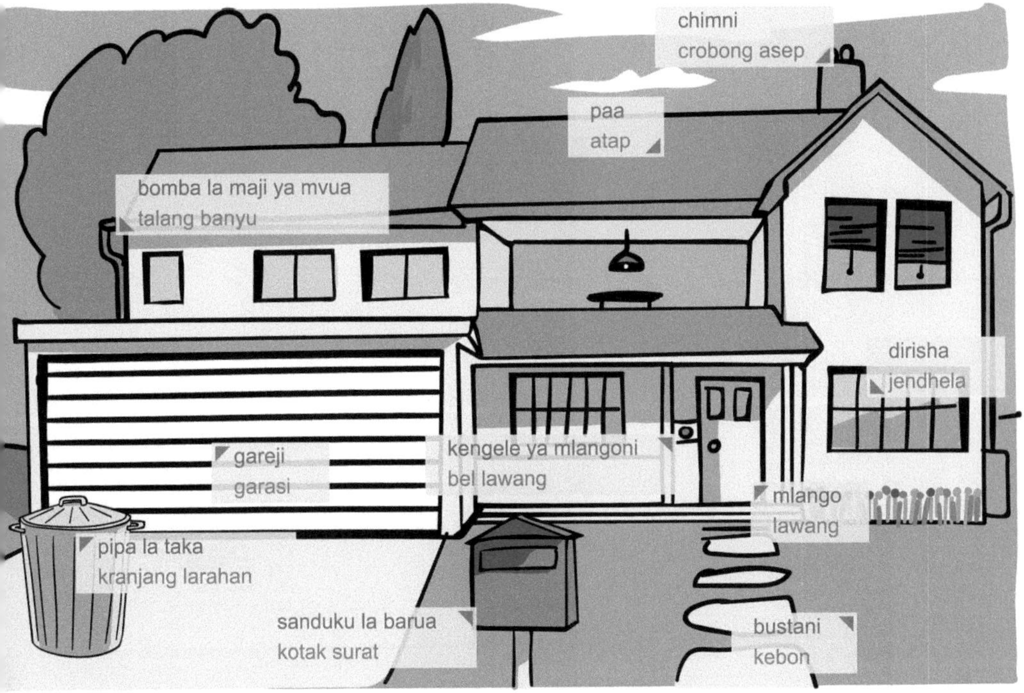
chimni
crobong asep
paa
atap
bomba la maji ya mvua
talang banyu
dirisha
jendhela
gareji
garasi
kengele ya mlangoni
bel lawang
mlango
lawang
pipa la taka
kranjang larahan
sanduku la barua
kotak surat
bustani
kebon

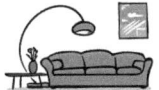

sebuleni

ruang tamu

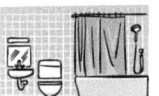

bafu

jedhing

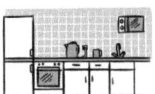

jikoni

pawon

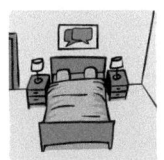

chumba cha kulala

kamar turu

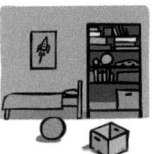

chumba ya mtoto

kamar anak

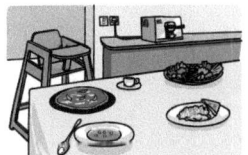

chumba cha kulia

kamar panedhaan

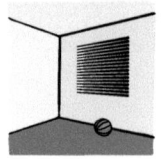

sakafu

jobin

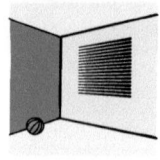

ukuta

tembok

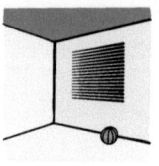

dari

pyan

pishi

gudhang ing njero lemah

sauna

sauna

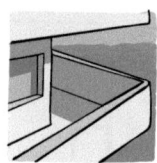

roshani

balkon

mtaro

teras

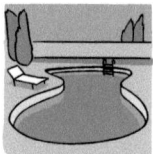

kidimbwi

blumbang kanggo nglangi

mashine ya kukata nyasi

mesin kanggo motong suket

karatasi

lembaran

kitambaa cha kupamba
kitanda

sprei

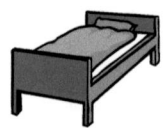

kitanda

dipan

ufagio

sapu

ndoo

ember

kubadili

tombol

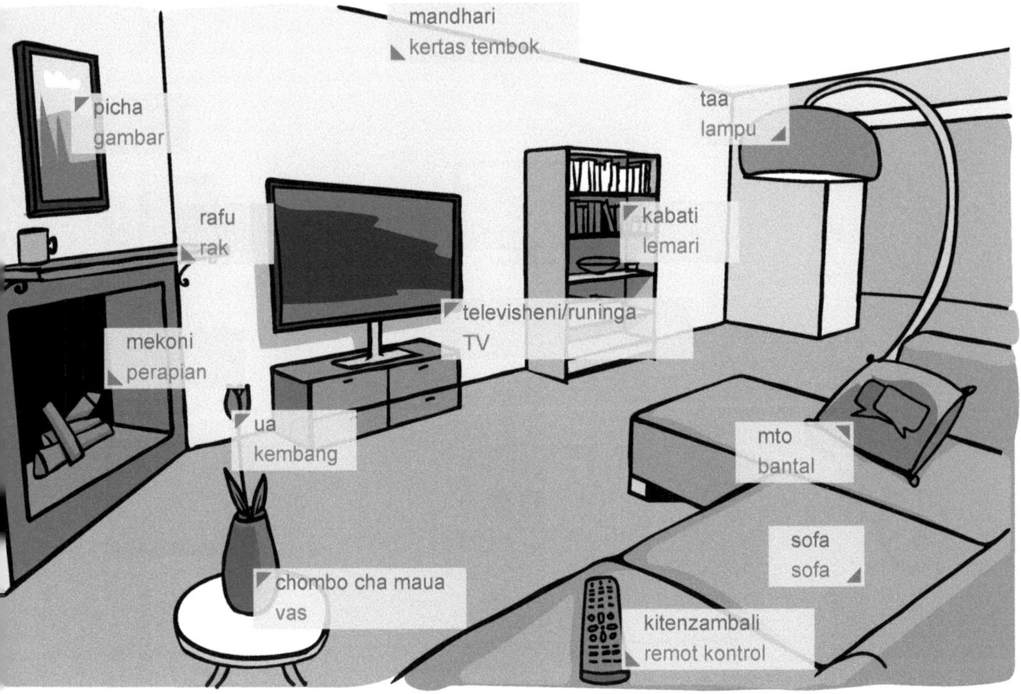

mandhari
kertas tembok

picha
gambar

taa
lampu

rafu
rak

kabati
lemari

mekoni
perapian

televisheni/runinga
TV

ua
kembang

mto
bantal

sofa
sofa

chombo cha maua
vas

kitenzambali
remot kontrol

zulia
karpet

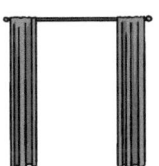

pazia
korden

meza
meja

kiti
kursi

kiti cha bembea
kursi goyang

armchair
kursi tangan

kitabu

buku

blanketi

selimut

mapambo

dekorasi

kuni

kayu bakar

filamu

film

kifaa cha hi-fi

hi-fi

ufunguo

kunci

gazeti

koran

uchoraji

lukisan

bango

poster

redio

radio

daftari

buku catetan

kifyonza

penyedot lebut

dungusi kakati

kaktus

mshumaa

lilin

jikoni
pawon

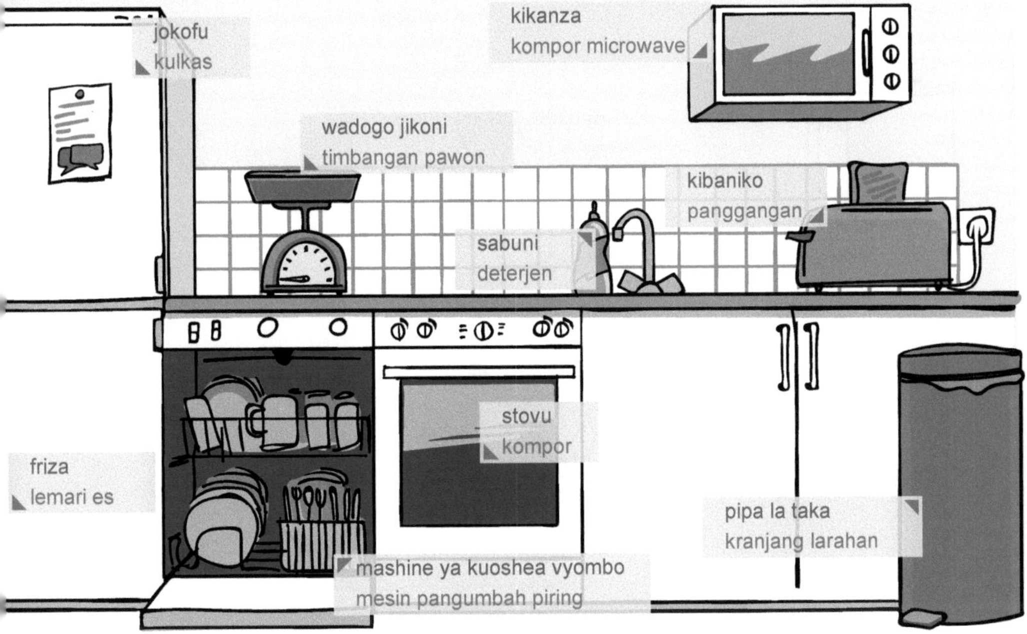
jokofu
kulkas
kikanza
kompor microwave
wadogo jikoni
timbangan pawon
kibaniko
panggangan
sabuni
deterjen
stovu
kompor
friza
lemari es
pipa la taka
kranjang larahan
mashine ya kuoshea vyombo
mesin pangumbah piring

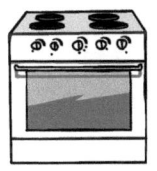

jiko la kupika

kompor

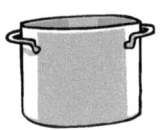

chungu

panci

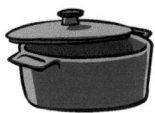

sufuria ya chuma

panci wesi

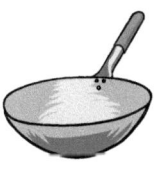

wok / kadai

wajan

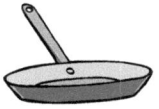

kaango

wajan

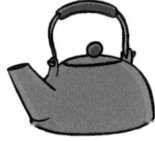

birika

ceret

stima
kukusan

sinia ya kuoka
loyang

vyombo vya udongo
pecah belah

kombe
mug

bakuli
mangkok

vijiti vya kulia
sumpit

ukawa
irus

mwiko mpana
solet

burashi
udeg

kichujio
ayakan

chujio
saringan

mbuzi
parutan

chokaa
lumpang

barbeque
panggangan

moto wazi
geni

ubao wa majaribio

telenan

kijiti cha kusukuma unga

gilingan adonan

kizibuo

kotrek

kopo

kaleng

inaweza kopo

bukaan kaleng

kishikio cha chungu

cempal

karo

wastafel

brashi

sikat

sifongo

sepon

kisagaji matunda

blender

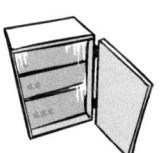

friji ya kina

kulkas

chupa ya mtoto

gendul bayi

bomba

kran

bafu
jedhing

joto
alat manasi
mfereji wa kuogea
pancuran
taulo
andhuk
pazia la kuogea
klambu jedhing
maji ya kuoga yenye povu
adhus unthuk
hodhi
bak adhus
glasi
gelas
mashine ya kuosha
mesin ngumbah
bomba
kran
vigae
tekel
poti
pispot
karo
wastafel

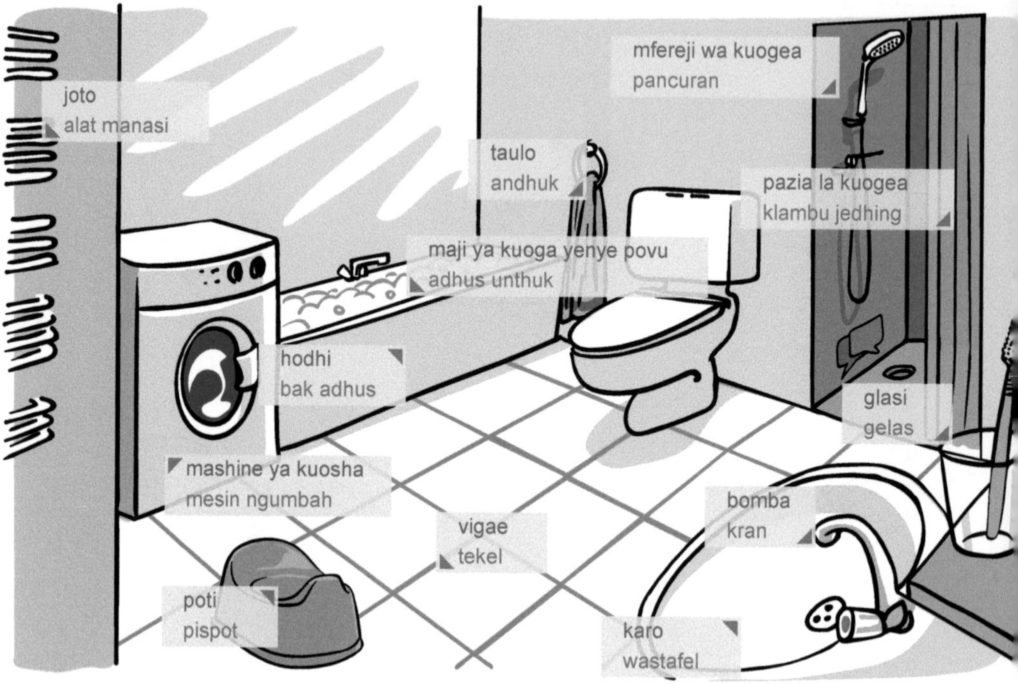

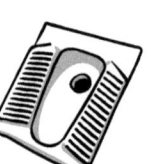

choo
jamban

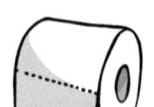

choo cha squat
jamban dhodhok

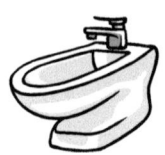

beseni la mviringo
bidet

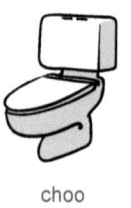

choo cha umma
pissoir

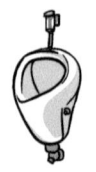

shashi
tisu jamban

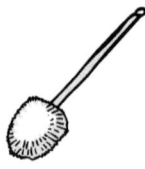

brashi ya choo
sikat jamban

mswaki

sikat untu

dawa ya meno

odol

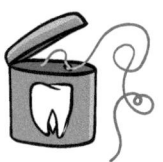

dawa ya meno

bolah untu

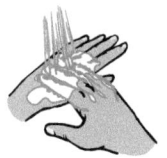

safisha

ngumbahi

kuoga mkono

gagang shower

msukumo wa maji

pancuran

bonde

baskom

mpako wa pili

sikat geger

sabuni

sabun

jeli ya kuogea

gel pancuran

shampuu

sampo

flana

hem

toa maji

nguras

krimu

krim

kiondoa harufu

deodoran

kioo

pangilon

kioo mkono

koco tangan

kinyozi

silet

povu la kunyoa

umpluk cukur

baada ya kunyoa

aftershave

kichana

jungkat

brashi

sikat untu

kikausha nywele

hairdryer

marashi ya nyewele

hairspray

vipodozi

dandanan

kidomwa

gincu

varnish ya msumari

kuteks

pamba

kapas

mkasi wa kucha

gunting kuku

manukato

parfum

mkoba wa kuosha

kantong adhus

kinyesi

dingklik

mizani

timbangan

nguo ya kuoga

ubah kanggo sawise adhus

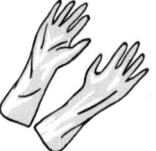

glavu za mpira

sarung karet

kisodo

tampon

sodo

pembalut

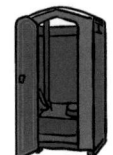

kemikali choo

jamban nganggo bahan
kimia

chumba ya mtoto

kamar anak

saa ya kengele
alarm jam
kidoli cha kupakata
dolanan empuk
gari bandia
mobil-mobilan
kelele
kumretek
chumba cha midoli
omah boneka
sasa
hadiah

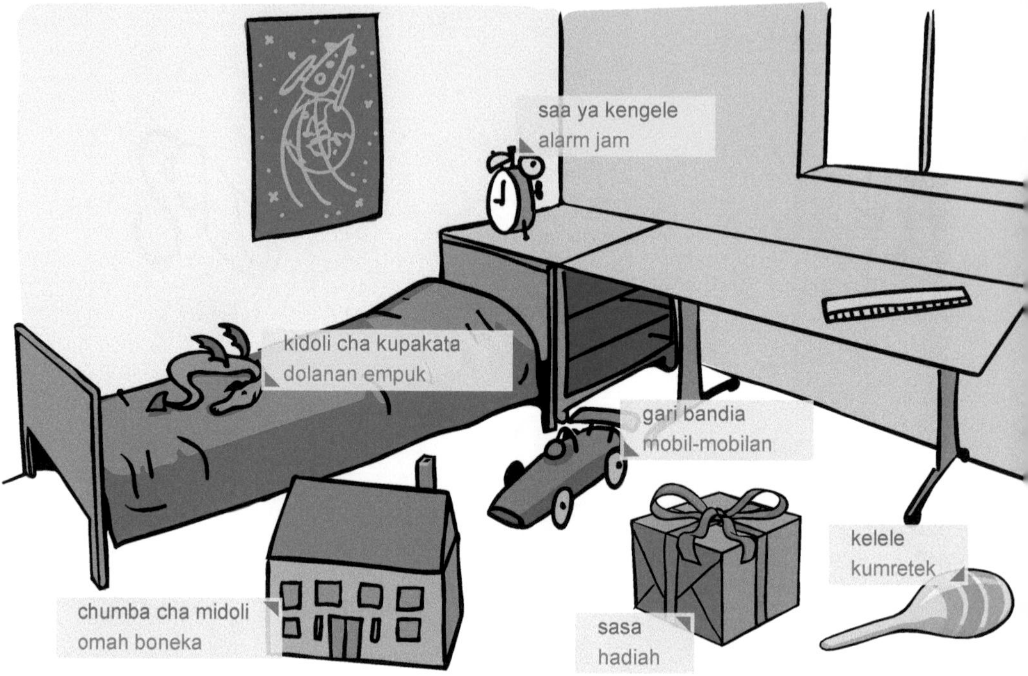

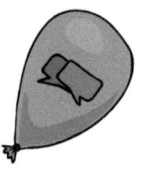

baluni
balon

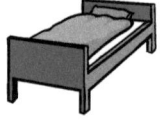

kitanda
dipan

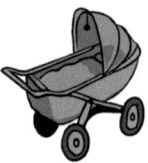

mashua
kreto bayi

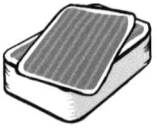

staha ya kadi
meja kertu

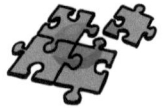

mchezo-fumb
teka-teki

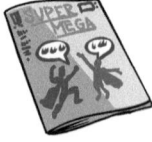

vichekesho
komik

matofali lego
bata lego

vitalu mwigo
balok dolanan

hatua takwimu
boneka aksi

suti ya kulalia
klambi bayi

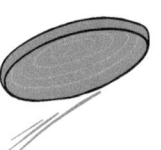

kisahani
frisbee

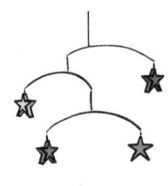

simu
dolanan gantungan

ubao wa michezo
dolanan meja

kete
dadu

garimoshi mwigo
sepur dolanan

dummy
dot

chama
pesta

picha kitabu
buku gambar

mpira
bal

kikaragosi
boneka

kucheza
dolanan

shimo la mchanga

panggon dolanan pasir

bembea

ayunan

vitu bandia

dolanan

kiweko cha video ya mchezo

konsol video game

baiskeli ya magurudumu

sepeda roda telu

matatu

mwanasesere

beruang teddy

kabati

lemari sandhangan

nguo

klambi

soksi

kaos kaki

stokingi

stoking

kibano

kathok singset

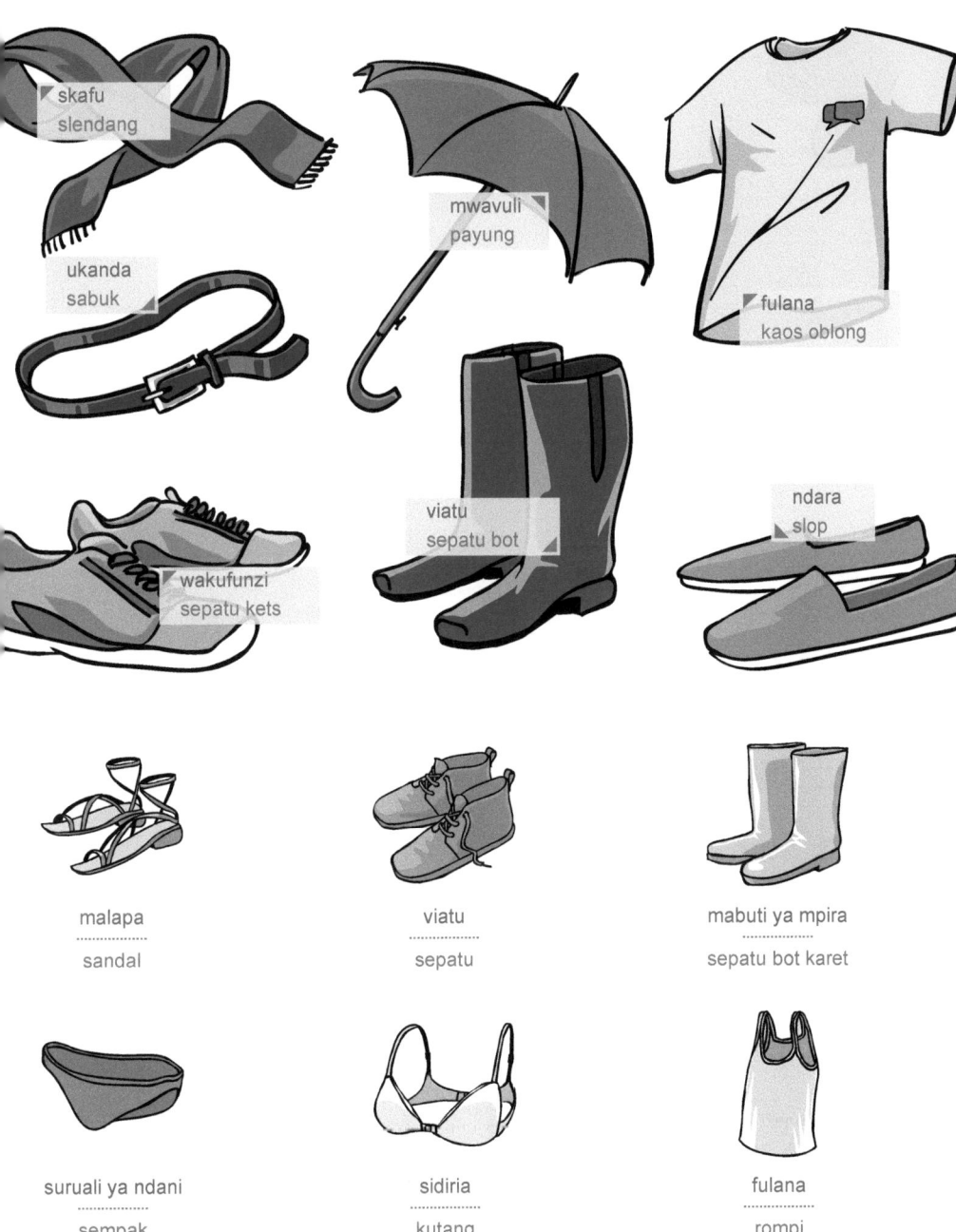

skafu
slendang

mwavuli
payung

fulana
kaos oblong

ukanda
sabuk

viatu
sepatu bot

ndara
slop

wakufunzi
sepatu kets

malapa
sandal

viatu
sepatu

mabuti ya mpira
sepatu bot karet

suruali ya ndani
sempak

sidiria
kutang

fulana
rompi

nguo - klambi

mwili

awak

suruali

kathok

dangirizi

kathok jins

sketi

rok

blauzi

blus

shati

klambi

vuta

jaket nganggo kudung

sweta

sweter

bleza

blezer

jaketi

jaket

koti

mantel

koti la mvua

jas udan

maleba

kostum

gauni

gaun

mavazi ya harusi

gaun manten

suti

setelan

vazi la usiku

klambi kanggo turu

pajama

piyama

sari

kain sari

skafu

kudung

kilemba

serban

burka

cadar

kaftan

kaftan

abaya

abaya

vazi la kuogelea

klambi kanggo nglangi

vazi la kiume la kuogelea

kathok renang

kaptura

kathok cekak

teitei

klambi trening

aproni

celemek

glavu

sarung tangan

kifungo

benik

glasi

kacamata

bangili

gelang

mkufu

kalung

pete

ali-ali

herini

anting-anting

kofia

peci

kiango cha koti

gantungan mantel

kofia

topi

tai

dasi

zipu

slerekan

kofia

helem

kanda za suruali

bretel

sare za shule

sragam sekolah

sare

sragam

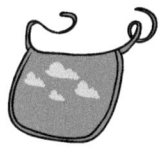

bibu

oto

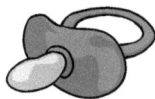

dummy

dot

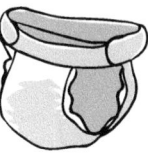

nepi

popok

ofisi

kantor

seva
server
kabati la kuweka faili
lemari arsip
kichapishaji
printer
karatasi
dluwang
kiwambo
monitor
kipanya
mouse
dawati
meja
folda
folder
kibodi
papan tombol
ı cha kuweka karatasi chafu
ıng larahan
kiti
kursi
kompyuta
komputer

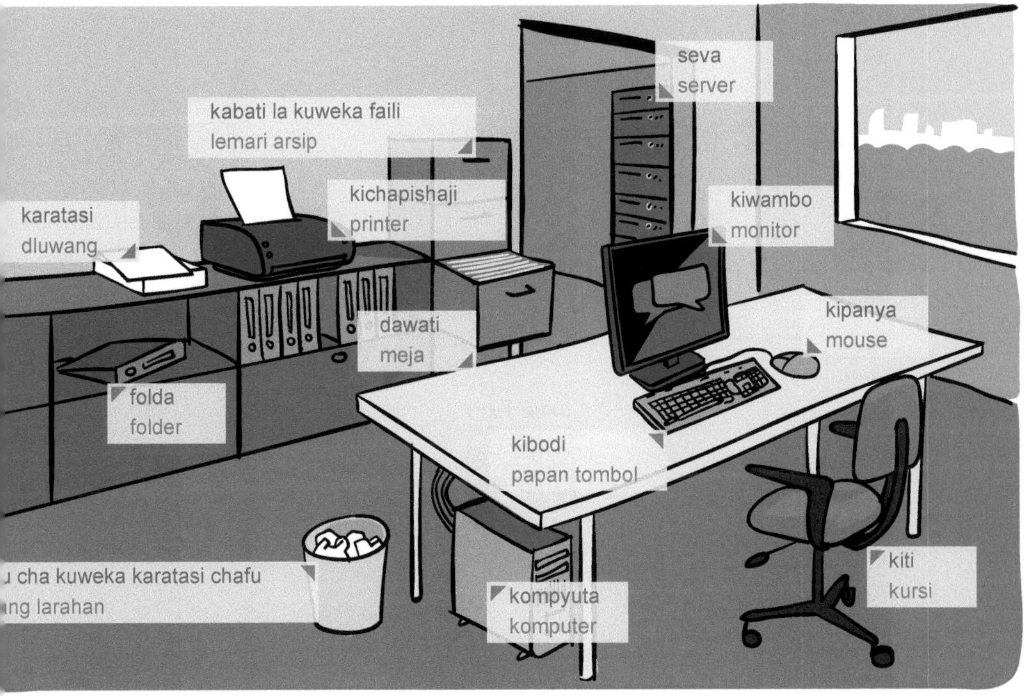

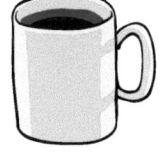

kmobe la kahawa

cangkir kopi

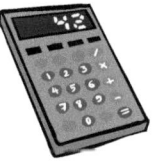

kikokotoo

kalkulator

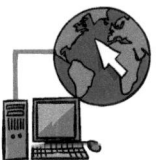

biashara

internet

mbali

laptop

barua

surat

ujumbe

pesen

rununu

HP

intaneti

jaringan

fotokopia

mesin fotokopi

programu

software

simu

telpon

soketi

colokan

kipepesi

mesin faksimili

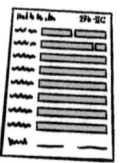

fomu

blangko

hati

dokumen

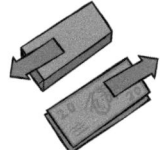

kununua

tuku

kulipa

mbayar

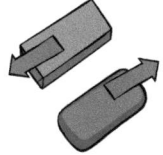

biashara

bebakulan

fedha

duit

 **USD**

dola

dolar

 **EUR**

yuro

euro

 **JPY**

yeni

yen

 **RUB**

rouble

rubel

 **CHF**

faranga ya Uswisi

franc Swiss

 **CNY**

renminbi yuan

yuan renminbi

 **INR**

rupia

rupe

eneo la kulipia

cash point

ofisi ya ubadilishanaji

kantor pertukaran duit
mancanegara

dhahabu

emas

fedha

perak

mafuta

minyak

nishati

energi

bei

rego

mkataba

kontrak

kodi

pajek

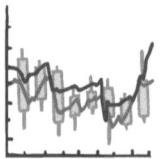

bidhaa

saham

kazi

kerjo

mfanyakazi

pegawe

mwajiri

juragan

kiwanda

pabrik

duka

toko

kazi
gawean

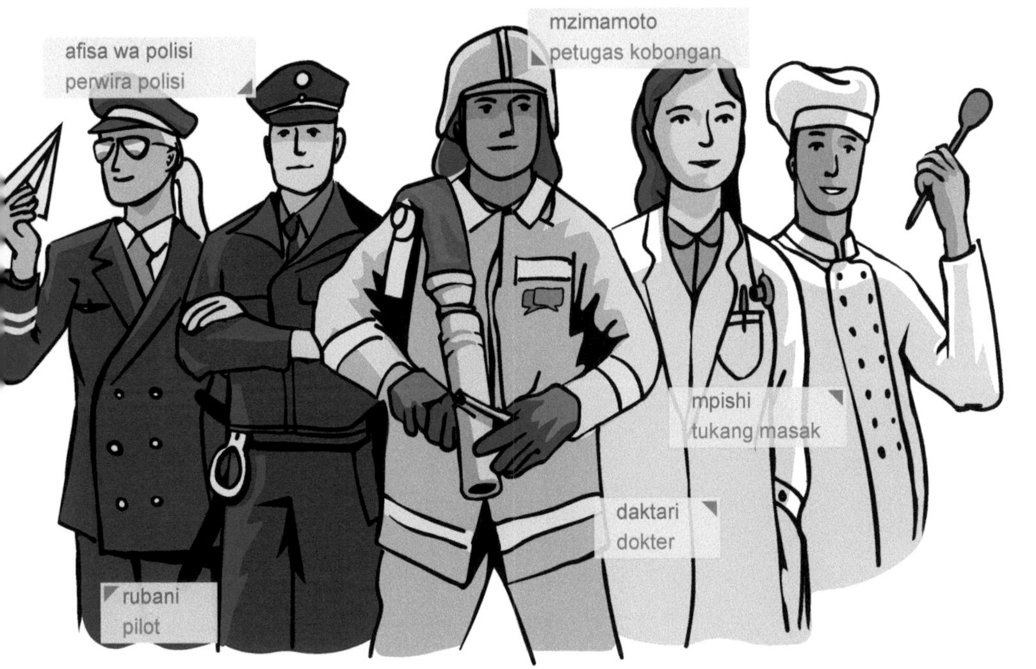
afisa wa polisi
perwira polisi
mzimamoto
petugas kobongan
rubani
pilot
daktari
dokter
mpishi
tukang masak

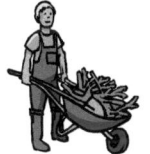

mtunza bustani

tukang kebon

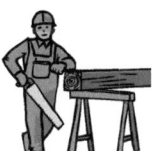

seremala

tukang kayu

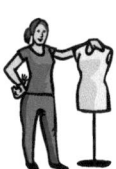

mshonaji

tukang jahit

hakimu

hakim

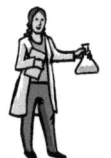

mwanakemia

ahli kimia

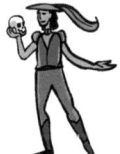

muigizaji

aktor

dereva wa basi

sopir bis

dereva wa teksi

sopir taksi

mvuvi

nelayan

mwanamke wa kusafisha

tukang reresik

mwezekaji

tukang pasang gendheng

mhudumu

laden

mwindaji

pamburu

mchoraji

pelukis

mwokaji

tukang roti

umeme

tukang listrik

mjenzi

tukang mbangun

mhandisi

insinyur

mchinjaji

jagal

fundi bomba

tukang ledeng

mwanaposta

tukang pos

mwanajeshi

tentara

msanifu majengo

arsitek

keshia

kasir

muuza maua

bakul kembang

msusi

juru rambut

kondakta

kondektur

mekanika

mekanik

nahodha

kapten

daktari wa meno

dokter untu

mwanasayansi

ilmuwan

rabbi

rabbi

imamu

imam

mtawa

biksu

kasisi

pandhita

zana

alat

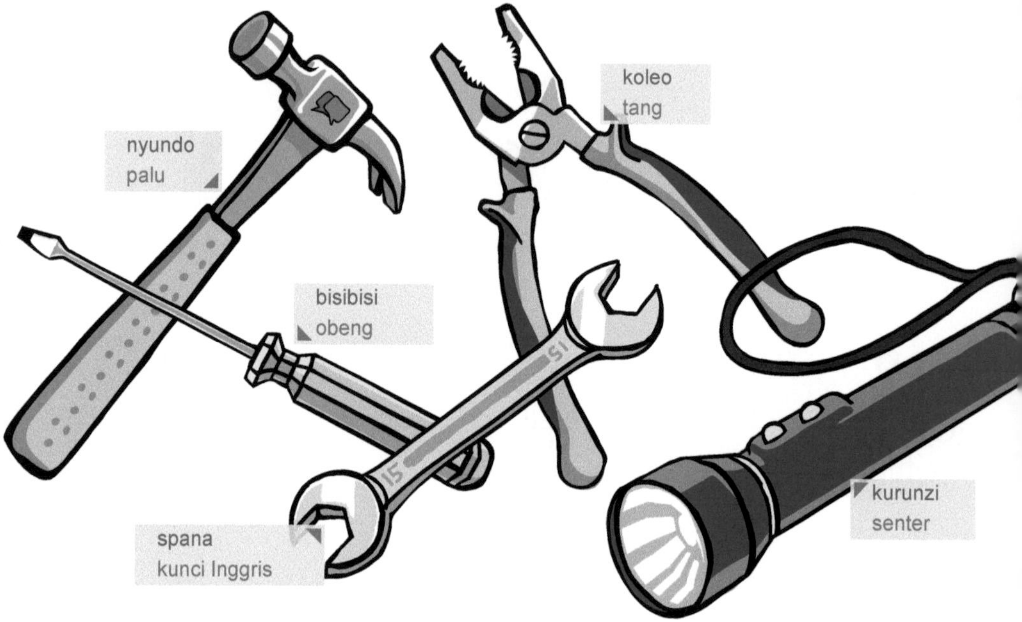

nyundo
palu
koleo
tang
bisibisi
obeng
spana
kunci Inggris
kurunzi
senter

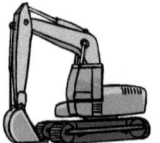

mchimbaji

mesin kerukan

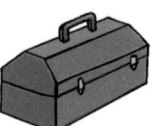

sanduku la vifaa

wadah perkakas

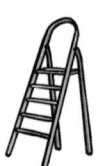

ngazi

andha

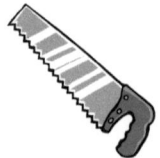

msumeno

graji

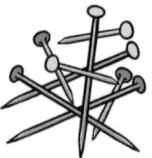

misumari

paku

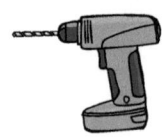

kuchimba visima

bur

kukarabati

ndandani

sepetu

sekop

Lo!

Bajigur!

kishikio cha uchafu

serok

chungu cha rangi

kaleng cat

skurubu

sekrup

ala za muziki
alat musik

spika
speker

mpangilio wa ngoma
sak set tambur

gita
gitar

besi mara mbili
bass dobel

tarumbeta
trompet

piano

piano

fidla

biola

ubeji

bass

timpani

timpani

ngoma

tambur

kibodi

keyboard

saksafoni

saksofon

filimbi

suling

maikrofoni

mikropon

zoo

lango la kuingia
lawang mlebu

simbamarara
macan tutul

ngome
kandang

pundamilia
sebra

chakula cha mifugo
pakanan kewan

panda
panda

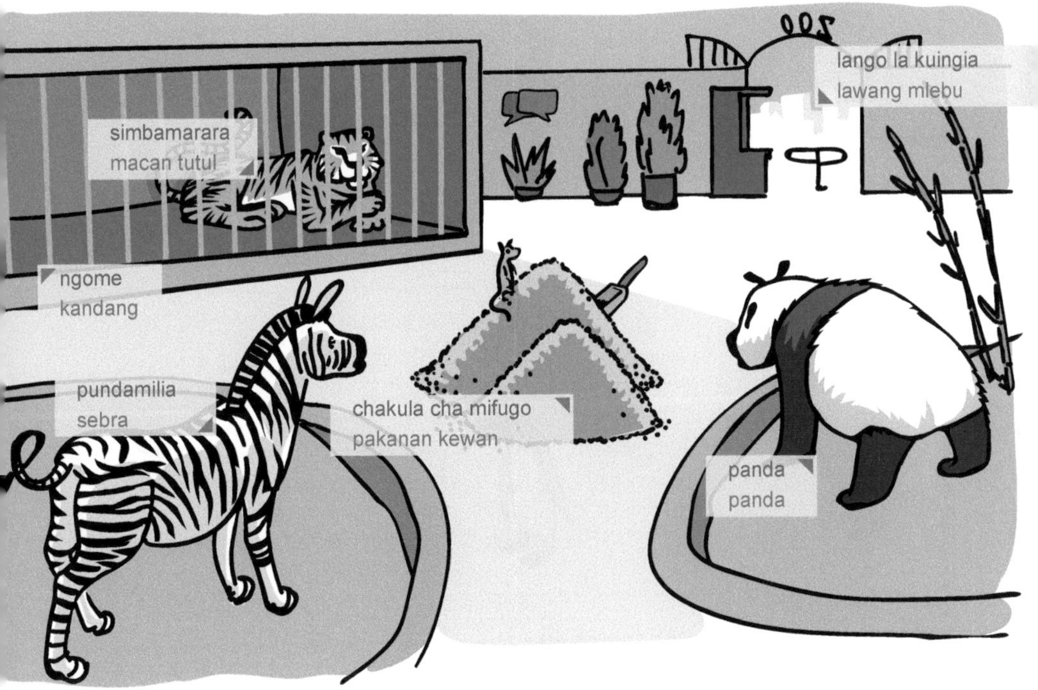

wanyama
kewan

tembo
gajah

kangaruu
kanguru

kifaru
badak

sokwe
gorila

dubu
beruang

ngamia

unta

mbuni

manuk unta

simba

singa

tumbili

kethek

heroe

flamingo

kasuku

bethet

dubu

beruang kutub

penguini

pinguin

papa

hiu

tausi

merak

nyoka

ula

mamba

baya

mtunza wanyama

juru kunci kebon kewan

muhuri

singa segara

jaguar

jaguar

mwanafarasi

jaran poni

chui

macan tutul

kiboko

kuda nil

twiga

jrapah

tai

garudha

nguruwe mwitu

celeng

samaki

iwak

kobe

bulus

sili

walrus

mbweha

rubah

paa

kidang

soka ya marekani
bal-balan Amerika

uendeshaji baiskeli
sepedahan

tenisi
tenis

mpira wa kikapu
basket

kuogelea
nglangi

ndondi
tinju

magongo ya barafuni
hoki es

soka
bal-balan

vinyoya
badminton

riadha
atletik

mpira wa mikono
bal tangan

skii
ski

polo
polo

shughuli
kegiatan

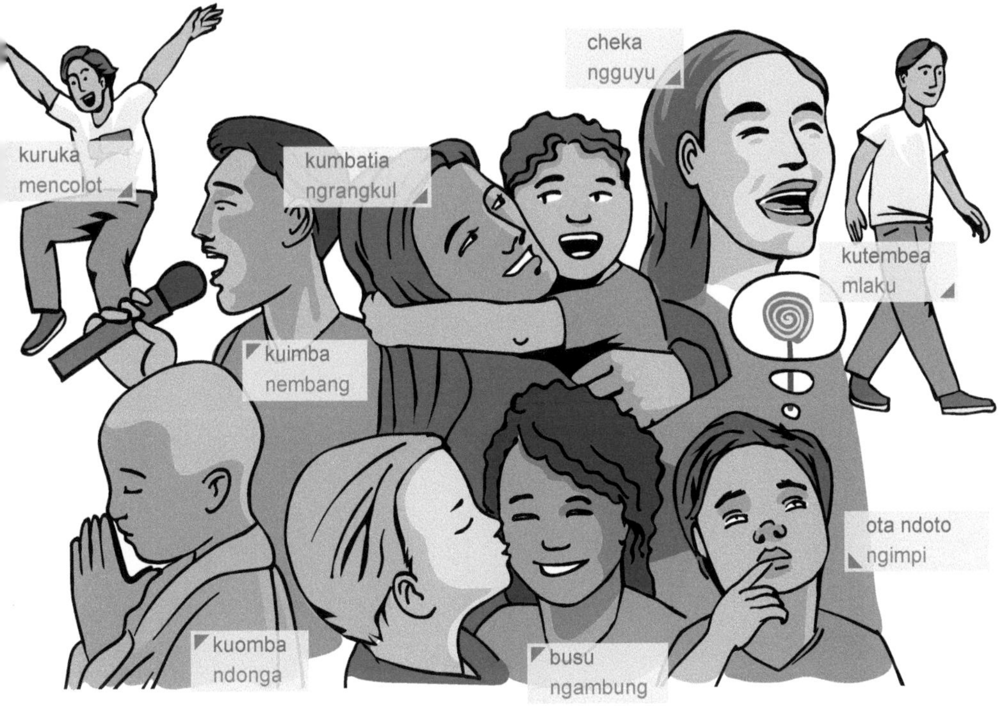
kuruka
mencolot
kumbatia
ngrangkul
cheka
ngguyu
kutembea
mlaku
kuimba
nembang
ota ndoto
ngimpi
kuomba
ndonga
busu
ngambung

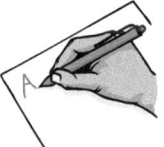

kuandika
nulis

kuteka
nggambar

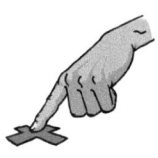

angalia
nuduhake

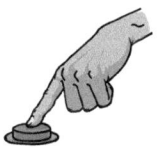

sukuma
mencet

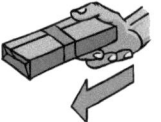

kutoa
menehi

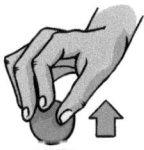

kuchukua
njupuk

kuwa
duweni

fanya
nindakake

kuwa
yaiku

kusimama
ngadek

kukimbia
mlayu

vuta
narik

kutupa
nguncalake

kuanguka
tiba

hadaa
ngapusi

kusubiri
ngenteni

kubeba
nggawa

kukaa
lungguh

vaa nguo
klamben

usingizi
turu

kuamka
tangi

kuangalia

ndheleng

lia

nangis

kiharusi

ngelus

chana nywele

njungkati

ongea

ngomong

kuelewa

mangerteni

kuuliza

takon

kusikiliza

ngrungoake

kunywa

ngombe

kula

mangan

nadhifisha

ngrapiake

upendo

nrisnani

mpishi

masak

gari

nyopir

kuruka

mabur

meli

nglayar

kokotoa

itung

kusoma

maca

kujifunza

sinau

kazi

kerjo

kuoa

ngrabi

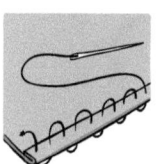

kushona

njahit

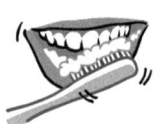

piga mswaki

nyikat untu

kuua

mateni

moshi

ngrokok

kutuma

ngirim

familia
keluarga

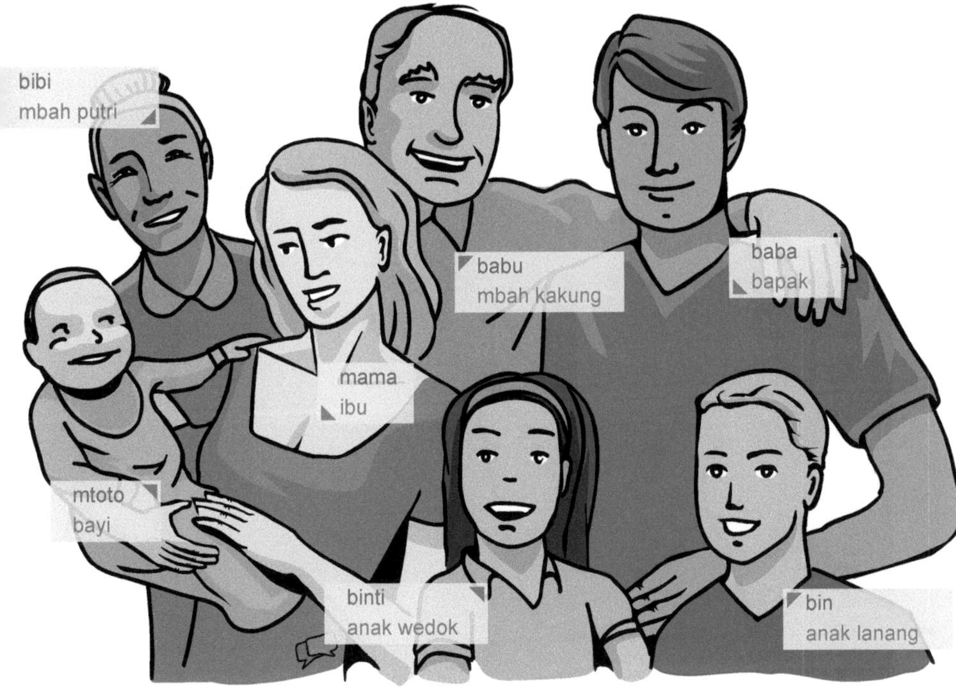

bibi
mbah putri
babu
mbah kakung
baba
bapak
mama
ibu
mtoto
bayi
binti
anak wedok
bin
anak lanang

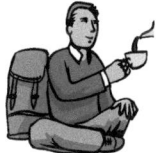

mgeni

tamu

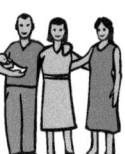

shangazi

bu lik

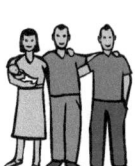

mjomba

pak lik

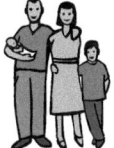

kaka

dulur lanang

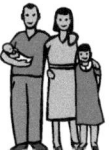

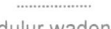

dada

dulur wadon

mwili

awak

paji la uso
bathuk
jicho
mripat
bega
pundhak
kidole
driji
uso
pasuryan
kidevu
janggut
mkono
tangan
mguu
sikil
matiti
payudara
mkono
lengen

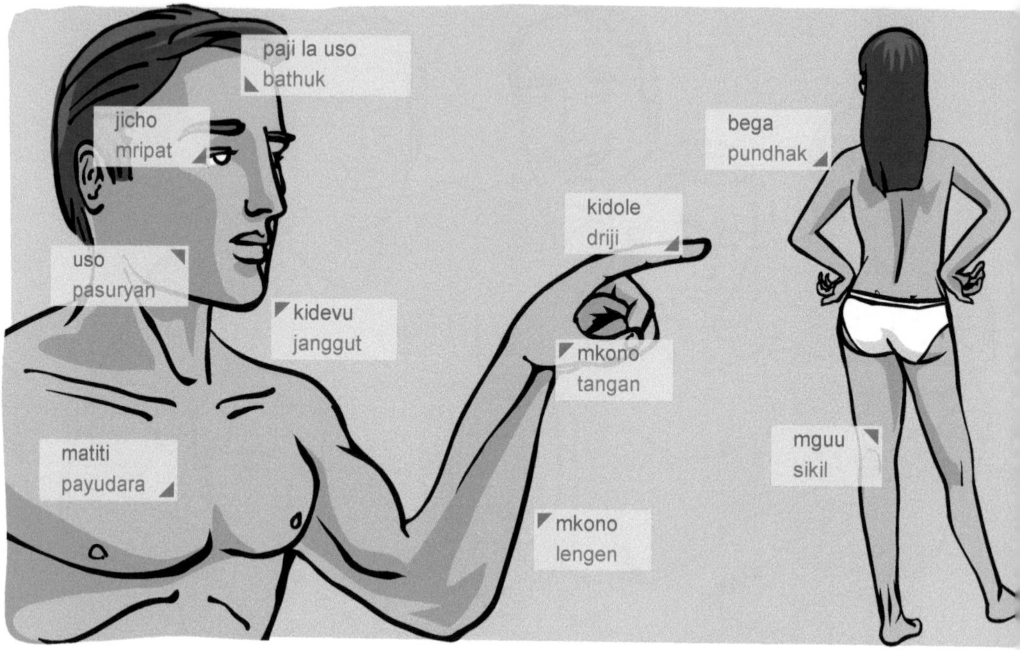

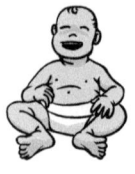

mtoto

bayi

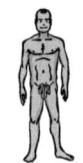

mwanamume

lanang

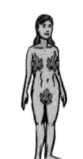

mwanamke

wadon

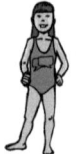

msichana

bocah wadon

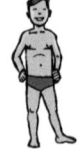

mvulana

bocah lanang

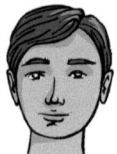

kichwa

sirah

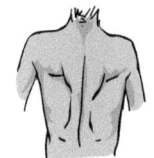

nyuma

geger

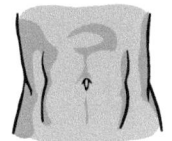

tumbo

weteng

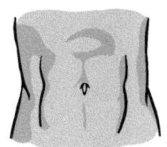

kitovu

puser

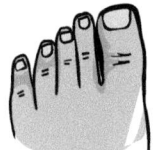

chano

driji sikil

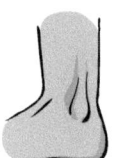

kisigino

tungkak

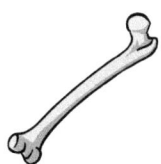

mfupa

balung

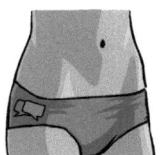

nyonga

panggul

goti

dengkul

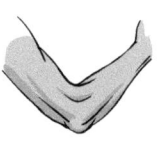

kiwiko

sikut

pua

irung

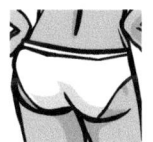

chini

bokong

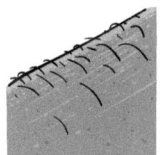

ngozi

kulit

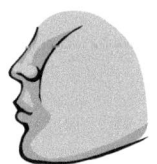

shavu

pipi

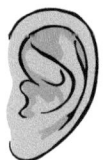

sikio

kuping

mdomo

lambe

mwili - awak

kinywa

lisan

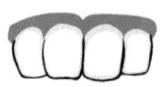

jino

untu

ulimi

ilat

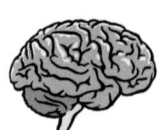

ubongo

uteg

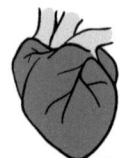

moyo

jantung

misuli

otot

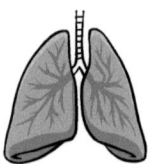

pafu

paru

ini

ati

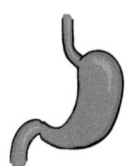

tumbo

garba

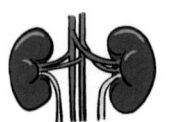

figo

ginjel

jinsia

sanggama

kondomu

kondom

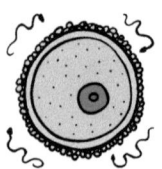

ovari

ovum

shahawa

mani

mimba

mbobot

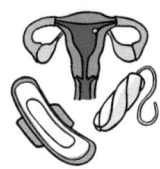

hedhi

haid

uke

vagina

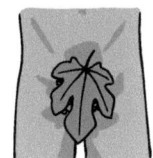

uume

zakar

unyusi

alis

nywele

rambut

shingo

gulu

hospitali
griya sakit

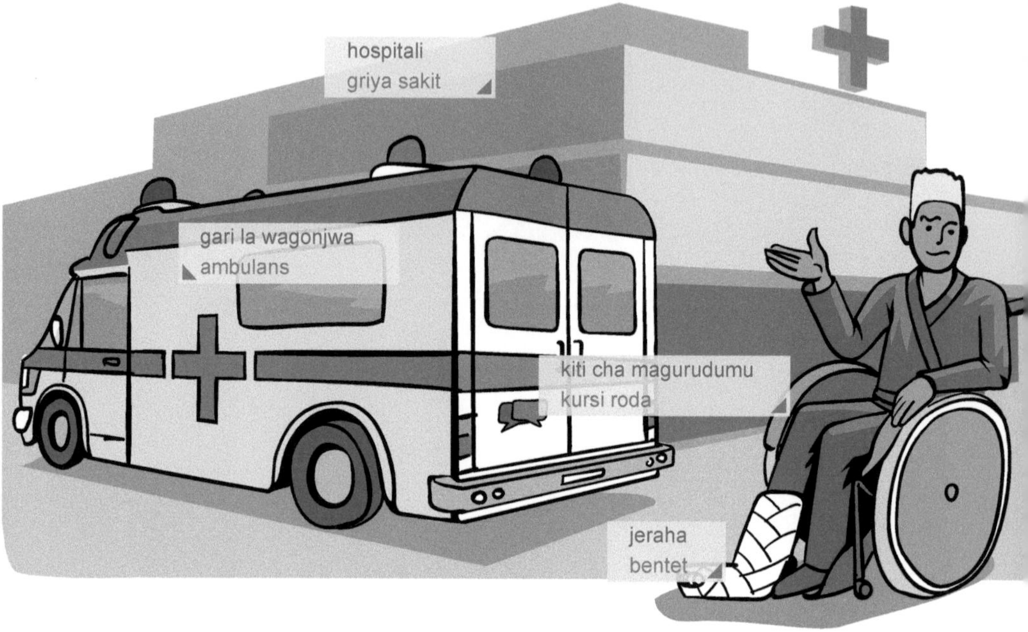

hospitali
griya sakit
gari la wagonjwa
ambulans
kiti cha magurudumu
kursi roda
jeraha
bentet

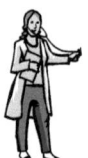

daktari

dokter

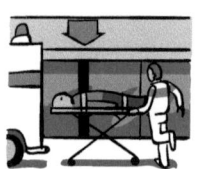

chumba cha dharura

kamar gawat darurat

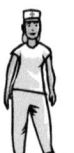

muuguzi

perawat

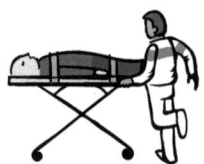

dharura

dharurat

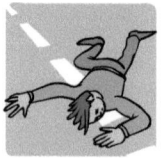

kupoteza fahamu

ora sadar

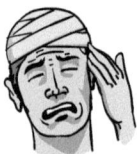

maumivu

linu

kuumia

tatu

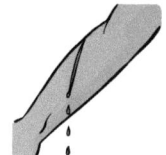

kutokwa na damu

getihen

mshtuko wa moyo

serangan jantung

kiharusi

setruk

mzio

alergi

kikohozi

watuk

homa

ngelu

mafua

pilek

kuharisha

diare

maumivu ya kichwa

mumet

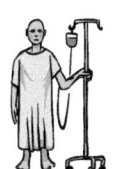

kansa

kanker

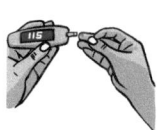

ugonjwa wa kisukari

diabetes

daktari mpasuaji

ahli bedah

kisu kidogo cha kupasulia

lading bedah

operesheni

operasi

picha changanufu ya mwili

CT

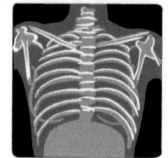

Eksrei

sinar x

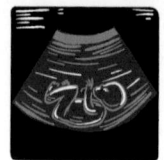

mawimbi sauti

USG

barakoa ya uso

masker

ugonjwa

penyakit

chumba cha kusubiri

kamar nunggu

mkongojo

pitulung

plasta

perban

bendeji

perban

sindano

suntik

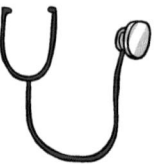

stetoskopu

stetoskop

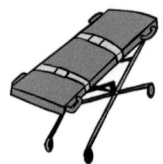

machela

tandu

kipimajoto cha kliniki

termometer klinik

kuzaliwa

lair

unene kupita kiasi

kalemon

kusikia misaada

alat bantu dengar

kipukusi

disinfektan

maambukizi

infeksi

virusi

virus

VVU / UKIMWI

HIV/AIDS

dawa

obat

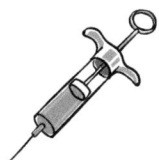

chanjo

vaksinasi

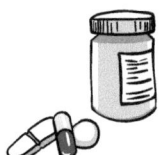

vidonge

tablet

kidonge

pil

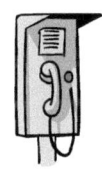

simu ya dharura

nomer telpon darurat

haemodainamometa

ngukur tensi getih

mgonjwa / mwenye afya

lara / waras

Msaada!
Tulung!

kengele
alarem

pigo
sergap

shambulizi
serangan

hatari
bebaya

lango la dharura
lawang metu dharurat

Moto!
Kobongan!

kizima moto
alat mateni geni

ajali
kacilakan

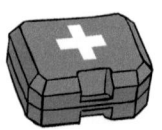

vifaa vya huduma ya
kwanza
pitulungan wiwitan

wito wa msaada
SOS

polisi
polisi

Ulaya

Eropa

Amerika ya Kaskazini

Amerika Lor

Amerika ya Kusini

Amerika Kidul

Afrika

Afrika

Asia

Asia

Australia

Australia

Atlantiki

Atlantik

Pasifiki

Pasifik

Bahari ya Hindi

Samudra Hindia

Bahari ya Antaktiki

Samudra Antartika

Bahari ya Aktiki

Samudra Arktik

Ncha ya Kaskazini

Kutub Lor

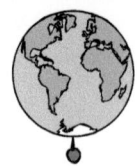

Ncha ya Kusini

Kutup Kidul

Antaktika

Antarktika

dunia

bumi

nchi

daratan

bahari

segara

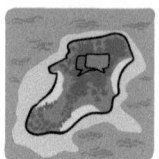

kisiwa

pulau

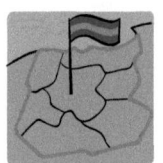

taifa

bangsa

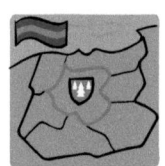

jimbo

negara

uso wa saa
layar jam

akrabu ya saa
dom jam

akrabu ya dakika
dom menit

akrabu ya sekunde
dom detik

Ni saa ngapi?
Jam piro saiki?

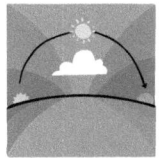

siku
dina

wakati
wektu

sasa
saiki

saa ya dijitali
jam digital

dakika
menit

saa
jam

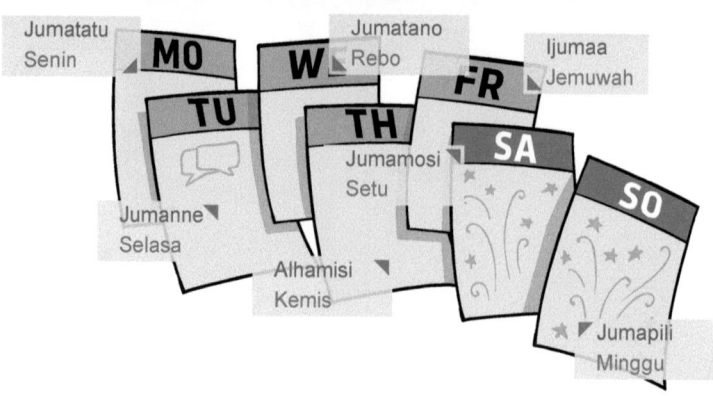

Jumatatu Senin — MO
Jumatano Rebo — W
Ijumaa Jemuwah
TU
TH
Jumamosi Setu
FR
SA
SO
Jumanne Selasa
Alhamisi Kemis
Jumapili Minggu

jana
wingi

leo
saiki

kesho
sesuk

asubuhi
esuk

saa sita mchana
awan

jioni
bengi

siku za biashara
dina kerja

mwishoni mwa wiki
akhir minggu

mwaka
tahun

mvua
udan es
upinde wa mvua
kluwung
theluji
salju
upepo
angin
majira ya machipuko
musim semi
vuli
mangsa gugur
kiangazi
musim ketigo
majira ya baridi
mangsa adem

4.APRIL 11°
5.APRIL 4°
6.APRIL 13°
7.APRIL 8°
8.APRIL 10°

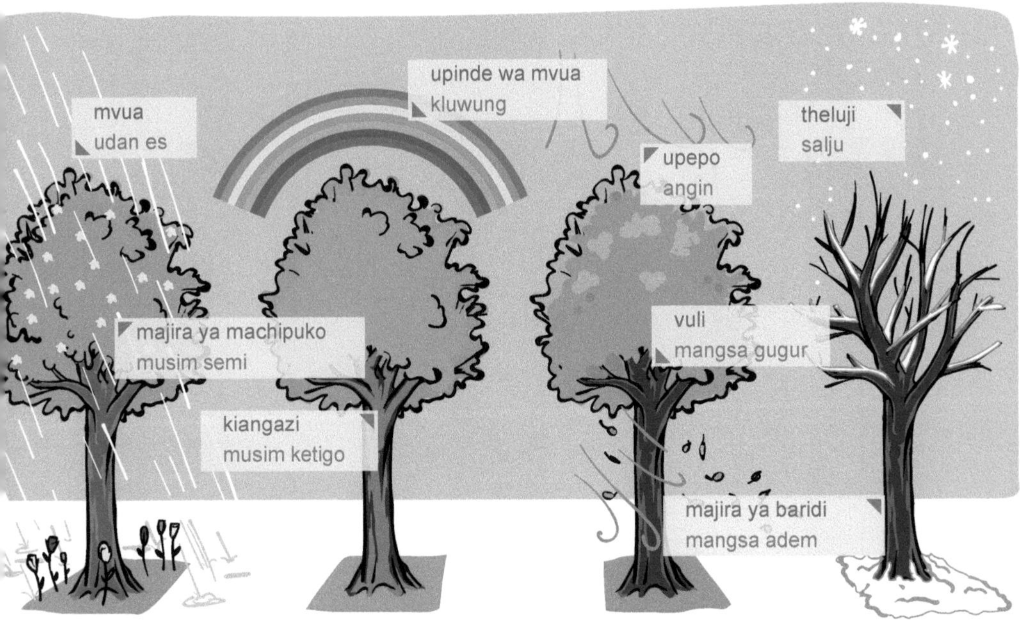

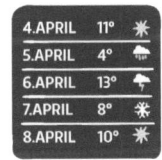

utabiri wa hali ya hewa
ramalan cuaca

F
C
120
90
60
30
0
-30
40
30
20
10
0
-10
-20

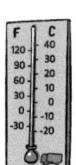

kipimajoto
termometer

mwanga wa jua
srengenge

wingu
mendhung

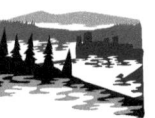

ukungu
kabut

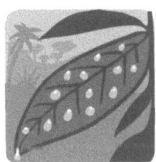

unyevu
kelembapan

umeme

kilat

radi

bledheg

dhoruba

badai

mvua ya mawe

udan es

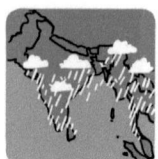

monsuni

muson

mafuriko

banjir

barafu

es

Januari

Januari

Februari

Februari

Machi

Maret

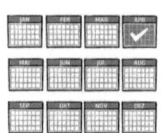

Aprili

April

Mei

Mei

Juni

Juni

Julai

Juli

Agosti

Agustus

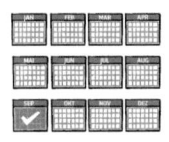

Septemba

September

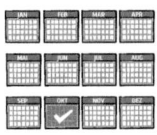

Oktoba

Oktober

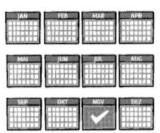

Novemba

Nopember

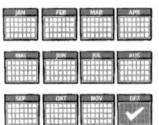

Desemba

Desember

maumbo
wangun

mduara

bunder

mraba

kuadrat

mstatili

segi papat

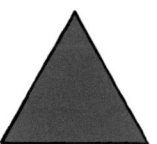

pembetatu

segi telu

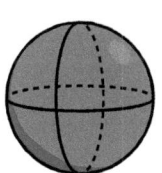

nyanja

bal

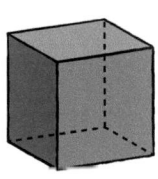

mchemraba

kubus

nyeupe

putih

manjano

kuning

chungwa

oranye

rangi ya waridi

jambon

nyekundu

abang

hudhurungi

ungu

bluu

biru

kijani

ijo

hanja

coklat

jivujivu

abu-abu

nyeusi

ireng

mengi / kidogo

akeh / sithik

hasira / pole

nesu / kalem

nzuri / mbaya

ayu / elek

mwanzo / mwisho

pawitan / pungkasan

kubwa / ndogo

gede / cilik

angavu / giza

padhang / peteng

kaka / dada

sedulur lanang / sedulur wadon

safi / chafu

resik / reged

kamilika / tokamilika

pepak / ora pepak

siku / usiku

awan / bengi

wafu / hai

mati / urip

pana / nyembamba

jembar / sempit

kulika / kutolika

iso dipangan / ora iso dipangan

ovu / ema

ala / becik

sisimkwa / udhika

seneng / bosen

nene / nyembamba

lemu / kuru

kwanza / mwisho

pisanan / pungkasan

rafiki / adui

kanca / musuh

jaa / tupu

kebak / kosong

ngumu / laini

atos / empuk

nzito / nyepesi

abot / enteng

njaa / kiu

luwe / wareg

mgonjwa / mwenye afya

lara / waras

haramu / kisheria

illegal / legal

akili / kijinga

pinter / bodo

kushoto / kulia

kiwa / tengen

karibu / mbali

cedhak / adoh

kinyume - kontras

mpya / kutumika

anyar / lawas

kitu / jambo

ora ana / ana

zee / changa

tuwa / enom

waka / zima

urip / mati

wazi / fungwa

buka / tutup

utulivu / kelele

anteng / rame

tajiri / masikini

sugeh / mlarat

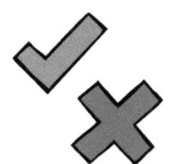

sahihi / kosa

bener / salah

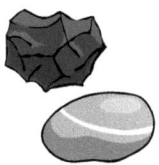

mbaya / laini

kasar / alus

huzunika / furahia

susah / seneng

fupi /ndefu

cendhak / dawa

polepole / haraka

alon / banter

nyevu / kavu

teles / garing

joto / baridi

anget / adem

vita / amani

perang / tentrem

0

sufuri

nol

1

moja

siji

2

mbili

loro

3

tatu

telu

4

nne

papat

5

tano

limo

6

sita

enem

7

saba

pitu

8

nane

wolu

9

tisa

songo

10

kumi

sepuluh

11

kumi na moja

sewelas

12

kumi na mbili

rolas

13

kumi na tatu

telulas

14

kumi na nne

patbelas

15

kumi na tano

limolas

16

kumi na sita

nembelas

17

kumi na saba

pitulas

18

kumi na nane

wolulas

19

kumi na tisa

songolas

20

ishirini

rong puluh

100

mia

satus

1.000

elfu

sewu

1.000.000

milioni

sak yuto

Kiingereza

basa Inggris

Kiingereza cha Marekani

basa Inggris Amerika

Kimandarini cha Uchina

basa Cina Mandarin

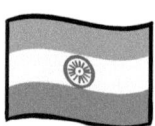

Kihindi

basa Hindi

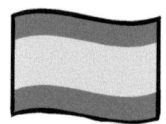

Kihispania

basa Spanyol

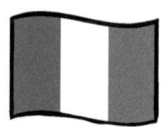

Kifaransa

basa Prancis

Kiarabu

basa Arab

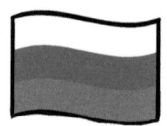

Kirusi

basa Rusia

Kireno

basa Portugis

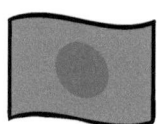

Kibengali

basa Bengali

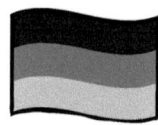

Kijerumani

basa Jerman

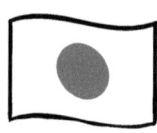

Kijapani

basa Jepang

mimi
aku

wewe
kowe

yeye / yeye / ni
dheweke

sisi
kita

wewe
kowe kabeh

wao
dheweke kabeh

nani?
sapa?

nini?
apa?

jinsi gani?
piye?

wapi?
neng endi?

lini?
kapan?

jina
jeneng

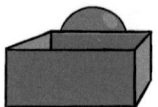

nyuma

mburi

katika

ing jero

mbele ya

ing ngarep

juu ya

ing dhuwure

kwenye

ing

chini ya

ing ngisore

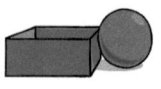

kando

sisih

kati

antarane

mahali

panggonan

·